Herbert Eigner, Herbert Kovacic

Der 317er

Herbert Eigner, Herbert Kovacic

Der 317er

Von Groß-Enzersdorf nach Floridsdorf

Das Titelbild zeigt einen Triebwagen K mit Beiwagen m_3 unterwegs in Richtung Groß-Enzersdorf.

Die Drucklegung des Buches wurde unterstützt von der Stadtgemeinde Groß-Enzersdorf.

© 2016 Edition Winkler-Hermaden, A-2123 Schleinbach
Alle Rechte vorbehalten
www.edition-wh.at
ISBN 978-3-9504199-2-4

Inhalt

Geleitwort 6

Einleitung 7

Historischer Abriss 9

Groß-Enzersdorf 20

Essling 42

Aspern 51

Hirschstetten 66

Kagran 76

Floridsdorf 88

Epilog 93

Literatur, Dank 95

Bildnachweis, Die Autoren 96

Geleitwort

Geschichte und persönliche Geschichten schrieb der Betrieb der unvergessenen Straßenbahnlinie 317 vom Jahr 1922 bis zur allerletzten Fahrt 1970 nicht nur entlang der Linie von Groß-Enzersdorf bis Floridsdorf, sondern in der gesamten Region Marchfeld.

Das Schicksal und Fortkommen ganzer Familien hat dieses für die damalige Zeit revolutionäre öffentliche Verkehrsmittel geprägt und so gibt es viele besondere und erzählenswerte Begebenheiten, die sich in und um diese Straßenbahnlinie ereignet haben. Viele davon habe ich persönlich von Zeitzeugen erzählt bekommen.

Umso mehr freut es mich nun, dass sich Herbert Eigner und Herbert Kovacic der Aufgabe angenommen haben für uns zu dokumentieren, wie der 317er Groß-Enzersdorf belebt und maßgeblich zur Entwicklung des Marchfelds beigetragen hat. Diese Straßenbahnlinie hat einen Teil der Geschichte Groß-Enzersdorfs geschrieben und die Stadt durch ihren Betrieb als „Tor zum Marchfeld" positioniert.

Dieses Buch gibt Einblick in die Entwicklung unserer Gemeinde und es gibt viel Wissenswertes über unsere Geschichte zu entdecken.

Ich möchte den beiden Autoren für ihr besonderes Engagement ganz herzlich danken und zu diesem gelungenen Werk gratulieren. Ihnen, liebe Leserinnen und Leser, wünsche ich eine spannende und informative Zeit mit diesem Buch.

Bürgermeister Ing. Hubert Tomsic
Groß-Enzersdorf

Einleitung

Die Marchfeld-Stadt Groß-Enzersdorf im Bezirk Gänserndorf ist bis heute der einzige niederösterreichische Ort, der ans Netz der Wiener Linien angebunden ist. Seit 1970 verbindet die Buslinie 26A die kleine Stadt am Rand der Lobau mit Wien-Kagran, genauer gesagt Neu-Kagran im 22. Gemeindebezirk. Dass dem so ist, hat eine lange Geschichte, die nicht nur mit der Vorgängerlinie des 26A, der Straßenbahn 317, zusammenhängt, sondern noch weiter zurückreicht. Denn bereits im Jahr 1886 wurde eine Dampftramway von Groß-Enzersdorf nach Floridsdorf errichtet.

Das vorliegende Buch versteht sich als ein Erinnerungsalbum an eine Straßenbahnlinie, die für viele Zeitzeugen unvergesslich geblieben ist. Der 317er ist so etwas wie eine lokalhistorische Legende geworden, zu der nicht nur die Tücken des eingleisigen Schienenalltags beigetragen haben, sondern wohl auch die Fahrgäste und das Betriebspersonal. In unserem Buch wollen wir dem legendären 317er die ihm gebührende Ehre in der Lokal- und Regionalhistorie erweisen. Von Groß-Enzersdorf ausgehend folgen wir der alten Strecke, die sich nur zum Teil mit der heutigen des 26A deckt, nach Floridsdorf. Auf unserer Reise werden wir in den ehemaligen Marchfelddörfern Essling, Aspern, Hirschstetten und Kagran Halt machen. Dabei fahren wir auf dem einstmals eingleisigen Schienenstrang sozusagen zweigleisig. Zum einen auf der lokalhistorischen und zum anderen auf der tramway-geschichtlichen Schiene. Bei Erreichen jedes neuen Streckenabschnitts wird anhand von alten Archivaufnahmen die Geschichte des jeweiligen Ortes kurz beleuchtet, um dann auf „Gleis 2" den bildlichen und textlichen Fokus auf die Straßenbahn zu legen.

Überhaupt ist dieses Buch ein zweigleisiges. So kommen wir, die Autoren, aus zwei verschiedenen Richtungen und „Zeitaltern". Herbert Kovacic, Historiker, der eine und Herbert Eigner, Schriftsteller, der andere. Herbert Kovacic ist Zeitzeuge und war Fahrgast der Linie 317, Herbert Eigner hingegen kennt diese „Bim" nur vom Sagenhören und von Fotos. Aber gerade in den Unterschieden bestand der Reiz eine Brücke zwischen den Generationen zu bauen und ein gemeinsames Buch zu verfassen, war doch auch die Linie 317 eine Brücke. Eine Brücke vom Land in die Stadt, wobei, wie an den von uns ausgewählten Fotografien zu erkennen ist, lange Zeit der 21. und 22. Wiener Gemeindebezirk noch durch ein sehr ländliches Aussehen geprägt waren. Eine Brücke, die bis heute mit dem 317er-Nachfolger, dem 26A, besteht. Zwischenzeitlich war die Brücke – zumindest auf dem Papier – gar keine, als nämlich Groß-Enzersdorf zu Wien gehörte. 1938 wurden viele Orte aus dem Umland von Wien der Metropole eingemeindet. Wien schwoll flächenmäßig ungemein an. So wurde das Stadtl – wie Groß-Enzersdorf im Volksmund genannt wird – am Rand von Wien Teil von Wien, von Groß-Wien. Obwohl der Zweite Weltkrieg 1945 zu Ende war und damit das Nazi-Regime ebenso sein längst überfälliges Ablaufdatum hatte, wurde Groß-Enzersdorf erst wieder im Jahr 1954 zu einer eigenständigen niederösterreichischen Stadt.

Man könnte anhand dieser alten Linie, dieser Brücke – von der Dampftramway über den 317er bis zum 26A – ein historisches Panorama von 1886 in die Gegenwart schreiben und hätte darin die größten Umwälzungen Europas in den vergangenen 130 Jahren vereint. Ein derartig umfassendes Spektrum in unserem Buch abzuhandeln, würde nicht nur den Rahmen des Projektes sprengen, sondern wohl auch weit über das Ziel unseres Ansinnens hinausschießen, nämlich ein Erinnerungsalbum zu gestalten. Erinnerungsalbum soll aber nicht heißen, dass man sich der vermeintlich guten alten Zeit verschreibt und sich nur in der Vergangenheit bewegt. Jene, die den 317er noch „persönlich kannten", werden viel Vertrautes finden. Diese Straßenbahn war im alltäglichen Leben vieler so etwas wie ein ständiger Begleiter, ein „Familienmitglied". Schon allein der 317er-„Sound" hat sich bei vielen eingebrannt. Er zeichnete sich wegen des Sands zwischen den Schienen vor allem durch seine Lautstärke und das Quietschen der Räder an den Gleisen aus. An so manche Panne wird man sich mit Sicherheit auch noch erinnern. Der 317er war ja nicht immer in bester Verfassung. Reparaturen wie Gleiswechselarbeiten waren keine Seltenheit. An den meist desolaten Gleisen arbeitete man immer nachts.

Die, die zu jung sind, als dass sie die „Bim" 317 noch in Anspruch hätten nehmen können, werden hoffentlich viel Neues entdecken, auf den Bildern und in den Texten vielleicht auf manches stoßen, das sie unter Umständen in der einen oder anderen Erzählung ihrer Eltern oder Großeltern schon gehört haben. In diesem Sinn und auch eingedenk der Tatsache, dass der 317er durch den 26A ja immer noch irgendwie lebendig ist, soll auch unser Erinnerungsalbum eine Brücke sein. Eine Brücke zwischen Vergangenheit, Gegenwart und Zukunft. Denn der öffentliche Verkehr ist nie im Stillstand. Gerade in Wiens 21. und 22. Bezirk ist man ständig mit neuen städtebaulichen Plänen und deren Umsetzung beschäftigt. Rege Bautätigkeit, neue Siedlungen und Stadtteile haben natürlich auch infrastrukturelle Umstrukturierungen und Neugestaltungen zur Folge. Wir können nur eine Bestandsaufnahme liefern. Morgen kann bereits wieder alles anders sein. Nicht nur Wien wächst, auch Groß-Enzersdorf und sein Umland. Und auch wenn das Stadtl und die Großstadt durch eine Landesgrenze getrennt sind – im Grunde sind sie bereits zusammengewachsen. Die Nabelschnur, die sie verbindet, ist naturgemäß die Bundesstraße 3, jene Verbindung, auf der bereits die Dampftramway nach Westen ratterte.

Bevor wir jetzt unsere nostalgisch-historische Reise von Groß-Enzersdorf über Essling, Aspern, Hirschstetten und Kagran nach Floridsdorf beginnen, sei noch kurz die Geschichte der Dampftramway und der Straßenbahnlinie 317 skizziert.

Historischer Abriss

Die Straßenbahnlinie 317 war über viele Jahre der einzige leistungsfähige Verkehrsträger, der regelmäßig und in kurzen Abständen Groß-Enzersdorf mit der Großstadt Wien verband. Sie erfüllte viele soziale Aufgaben, brachte Pendler zur Arbeit, Kinder zu den Schulen und ermöglichte der Bevölkerung den Besuch von Fachärzten und die Erledigung von Einkäufen, die im Stadtl nicht getätigt werden konnten.

Im Jahr 1960 wurden allein zwischen Groß-Enzersdorf und dem benachbarten Essling täglich durchschnittlich 650 Fahrgäste je Richtung gezählt, wobei die Stadt zu dieser Zeit rund 2400 Menschen Wohnbevölkerung hatte.

Zwischen den Destinationen verkehrten täglich 70 Zugspaare. Damit war der 317er – wie Gustav Holzmann* festhält – für das „wirtschaftliche und gesellschaftliche Leben der Wohnbevölkerung die wichtigste Verkehrsverbindung" nach Wien. Als Endstation der Straßenbahn war Groß-Enzersdorf ein bedeutender „Auffang- und Verteilungspunkt des Verkehrsstromes" in das südliche Marchfeld.

Diese gewinnversprechende Verkehrssituation erkannten vor langer Zeit auch die Verantwortlichen der „Loco-

---

* Gustav Holzmann: Groß-Enzersdorf und sein Lebensraum. Festschrift zur 800-Jahr-Feier. Groß-Enzersdorf 1960

motivfabriksfirma Krauß & Comp. in München und Linz", als sie um eine Konzession zum Bau und Betrieb einer normalspurigen „Localbahn" (Dampftramway) ansuchten. Mit der „Concessionsurkunde vom 3. April 1884" wurde von allerhöchster Stelle der Bau von zwei „Locomotiveisenbahnen" – und zwar von Wien nach Stammersdorf und von Floridsdorf nach Groß-Enzersdorf genehmigt.

Eröffnet wurde die Dampftramway dann am 7. Juni 1886.

Die ursprüngliche Streckenführung der sogenannten nördlichen Linie führte – ausgehend von der Stefaniebrücke (heute Salztorbrücke) – nach Floridsdorf, wo ein Schienenstrang nach Stammersdorf führte, aber das wesentlich längere Gleis über Kagran, Hirschstetten, Aspern, Essling verlegt wurde und in Groß-Enzersdorf an der zweckmäßig ausgestalteten Endstation aufhörte.

Der Bau der Dampftramway bedeutete eine sprunghafte Erhöhung der Reisegeschwindigkeit. Vor dieser Zeit gab es an fahrplanmäßigem öffentlichem Verkehr nur den von zwei Pferden gezogenen Gesellschaftswagen (Stellwagen), der von der Wiener Leopoldstadt, Wirtshaus zum Schwarzen Adler (heute Wien 2, Taborstraße 11), nach Groß-Enzersdorf fuhr.

Das Gleis der Dampftramway erreichte das Stadtl beim Wiener Tor (eines der fünf Stadtmauertore), führte auf der Schloßhofer Straße an der Kirche vorbei, über den Hauptplatz, passierte das Wittauer Tor und endete nach 400 Metern, wo sich das Betriebsgelände der Endstation befand. Diese Anlage war etwa 250 Meter lang und 30 Meter breit. Hier gab es das Stationsgebäude, die Abortanlage, einen Güterschuppen, die Lokremise, das Koksmagazin und die Wagenremise sowie Weichen und Gleise zu allen Betriebsgebäuden und ein Nebengleis zum Holzlagerplatz der Firma Fürth. Anfangs wurden nämlich nicht nur Personen, sondern auch Güter transportiert.

Im Stationsgebäude, gleich beim Einfahrtsgleis, waren das Wartezimmer sowie die Aufenthalts- und Schlafräume für das Personal untergebracht. Daneben befand sich die Abortanlage.

Obwohl der Gütertransport auf der nördlichen Dampftramway-Linie nur eine untergeordnete Rolle spielte, hatte dieser eine ganze Bandbreite von Aufgaben zu erfüllen, sodass stets ein reger Betrieb in der Endstation herrschte. Da verwundert es nicht, dass das Personal hin und wieder eine kurze Pause in dem Gärtlein vor dem Stationsgebäude einlegte. Danach mussten die Bediensteten ja ohnehin genau nach Dienst- und Fahrplan die Arbeit wieder aufnehmen.

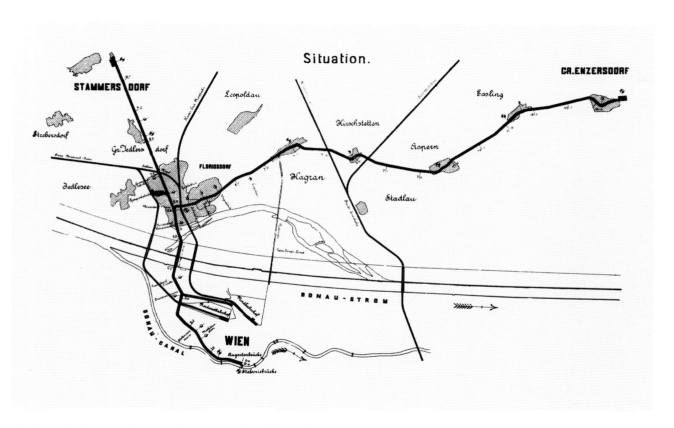

Die Linie Nord mit der Streckenführung nach Groß-Enzersdorf.

Fotoshooting an der Endstelle Groß-Enzersdorf.

Der kleine Garten beim Stationshaus erinnert an die „gute alte Zeit".

Der Arbeitstag war lang und es ist anzunehmen, dass der Lokführer seine Lok mehrere Stunden aufheizen musste, damit ihr Dampfkessel die richtige Betriebstemperatur erreichte. Und da hieß es früh aufstehen. Denn laut Fahrplan musste der erste Zug die Station um 6.56 Uhr verlassen, damit er um 7.41 Uhr Kagran, um 8.03 Uhr Floridsdorf und um 8.33 Uhr die Stefaniebrücke in Wien erreichte. Die Organisation des Dienstes war eine schwierige Angelegenheit. Ähnlich wie bei einer Eisenbahnlinie gab es diverse Beamte und Unterbeamte, wie Zugrevisoren, Conducteure (Schaffner), Bahnerhaltungspartieführer, Heizhaus- und Werkstättenleiter. Alle Beschäftigten wurden disponibel eingesetzt, sodass sie im Bedarfsfall, zum Beispiel bei Krankenständen, auch an anderer Stelle arbeiten konnten. Dadurch mussten die Bediensteten für mehrere Berufe ausgebildet werden. Kein geringer Aufwand.

Die Fahrtgeschwindigkeit der Züge war in den Ortschaften mit 10 km/h, außerhalb dieser mit 20 km/h und auf eigenem, separiertem Gleiskörper mit 25 km/h gesetzlich begrenzt. Die Dampftramway verzeichnete von Beginn ihres Bestehens steigende Fahrgastzahlen. Es gab auch Sozialtarife für Schulkinder und Arbeiter. Die „Arbeiterkarten" waren besonders billig. Für 36 Kreuzer erhielt man eine 6-Tage-Wochenkarte, mit der man morgens und abends einen extra geführten Zug benutzen konnte.

Im Gegensatz zum Personenverkehr blieben die Transportraten des Güterverkehrs auf der Groß-Enzersdorfer Linie allerdings gering, was man sich aufgrund der vielen bäuerlichen Fuhrwerke, die vom Marchfeld nach Wien unterwegs waren, erklärte.

Nur 1890 schnellte der Gütertransport in die Höhe. Beim Bau der Kavalleriekaserne in Groß-Enzersdorf wurden in einem Jahr dreieinhalb Millionen Ziegel benötigt. Dieser Großauftrag wurde von der Tramwaygesellschaft übernommen, die innerhalb von drei Monaten mit den vorhandenen 15 Güterwaggons die Ziegel beförderte. Doch dieser Transportauftrag blieb ein einmaliges Ereignis.

Die Dampftramway hatte auch militärische Verpflichtungen und man berechnete, dass in einem Zug mit fünf Wägen 250 Mann befördert werden konnten. Die Länge der Züge war mit fünf Wägen begrenzt.

Die Frequenz der Dampftramway war bedarfsorientiert und entwickelte sich in den Jahren unterschiedlich. So wurden regelmäßig am Sonntag drei Züge nach Groß-Enzersdorf eingeteilt. Die spätere Linie 317 begann in Kagran, wo sie über eine Ausweiche an der Endstelle verfügte, führte durch die Orte Hirschstetten, Aspern, Essling und Groß-

Enzersdorf bis an das östliche Ende der Stadt, zur Endstation der ehemaligen Dampftramway. Das alte Dampflok-Betriebsgelände bildete eine zu groß dimensionierte Endstelle. Hier hatte dann auch der 317er seinen Endpunkt. Die Haltestellen der Dampftramway waren ursprünglich die Abzweigung mit Ausweiche am Floridsdorfer Spitz, es folgte die Haltestelle Neu-Leopoldau (später Donaufeld genannt) und danach die Haltestelle bei den Lohnerwerken, wo sich eine Ausweiche befand. Weiter führte die eingleisige Anlage zur Haltestelle Alt-Leopoldau und zur Station Kagran, die wiederum über eine Ausweiche verfügte. Hirschstetten hatte zwei Haltestellen, jedoch keine Ausweiche; Aspern hatte eine Station mit Ausweiche. Erst 1903 wurde die Station Neu-Aspern eingerichtet. In Essling befanden sich nur eine Haltestelle mit Abstellgleis und eine provisorische Haltestelle bei Kilometer 12 – Loosschmied – wonach die Gleise ohne Stopp bis zur Haltestelle Groß-Enzersdorf-Stadt und danach zur Endstation bei der Winklersiedlung befahren wurden. Die Fahrzeit für die Strecke von Kagran nach Groß-Enzersdorf betrug rund 41 bzw. 45 Minuten (je nach Fahrtrichtung), von Wien-Stefaniebrücke bis Groß-Enzersdorf benötigte man bei einer Entfernung von 20,38 km 105 Minuten (11,6 km/h Durchschnittsgeschwindigkeit) und von Floridsdorf bis Groß-Enzersdorf für 14,75 km 66 Minuten (13,4 km/h).

Nach Abschluss der Elektrifizierungsarbeiten für die Straßenbahnlinie im Jahr 1922 gab man der Bevölkerung die Möglichkeit von der gewohnten und liebgewonnenen Einrichtung im Rahmen eines Festes Abschied zu nehmen. Mindestens zwei Lokomotiven wurden geschmückt.

Die nächsten 48 Jahre tat dann „die Elektrische" ihre Dienste. Die Umstellung der Tramway vom Dampfbetrieb auf Elektroversorgung war mit dem Ankauf der Dampftramwaygesellschaft, vormals Krauss & Comp., durch die Gemeinde Wien im Jahr 1908 verbunden. Und die Gemeinde begann unmittelbar nach der Betriebsübernahme – und zusätzlich zur Elektrifizierung der Pferdestraßenbahnen – mit der Aufrüstung der südlichen und der nördlichen Linie und mit der Stromversorgung. Natürlich benötigte dieses Projekt längere Zeit und wurde in mehreren Stufen abgewickelt. Mit der abschnittsweisen Elektrifizierung der nördlichen Linie wurde diese unterteilt. Es entstanden nach und nach die uns vertrauten Linienbezeichnungen. Die Elektrifizierungsabschnitte wurden in Fahrtrichtung von der Augartenbrücke bis Floridsdorf (im Jänner 1910), Floridsdorf bis Groß-Jedlersdorf (im Oktober 1911), Groß-Jedlersdorf bis Stammersdorf (im Dezember 1911) umgerüstet.

Die Elektrifizierung des ersten Teiles des Groß-Enzersdorfer Astes – Floridsdorf bis Kagran – wurde einen Monat

Zum letzten Mal begegnen sich zwei Dampftramwayzüge an der Endstation in Groß-Enzersdorf. Zu diesem Anlass wurden sie festlich geschmückt. Im Hintergrund sind die Masten für die Oberleitung erkennbar.

später (im Jänner 1912) fertiggestellt und vom restlichen Teil der alten Linienführung abgetrennt. Das war die Geburtsstunde der Linie 17. Ihre Fahrtroute begann bei der Ausweiche beim Amtshaus am Spitz, führte über den Hoßplatz zur Wagenfabrik der Firma Lohner, wo sich eine Ausweiche befand und endete knapp vor dem Kagraner Platz mit einer Ausweiche. Die weitere Elektrifizierung des Groß-Enzersdorfer Astes, also der Linie 317, ließ auf sich warten, denn von 1914 bis 1918 herrschte Krieg. Beinahe die gesamte Industriekapazität wurde für die Rüstung beansprucht und 1922 geriet die noch junge Republik Österreich mit der so gefürchteten Hyperinflation in eine schwere Finanzkrise. So ist es beinahe ein Wunder, dass die Strecke Kagran – Groß-Enzersdorf am 23. Jänner 1922, also beinahe vier Jahre nach dem großen Krieg und in der Zeit der allgemeinen Not, fertiggestellt und in Betrieb genommen werden konnte.

In der Zwischenkriegszeit entwickelte sich, trotz der lange anhaltenden wirtschaftlichen Depression, das Einzugsgebiet des 317ers beachtlich. Dazu trugen das Bevölkerungswachstum, die Industrieansiedlungen in Stadlau, Kagran, Leopoldau und Floridsdorf sowie die Entwicklung des Flughafens in Aspern bei. Gerade die Großereignisse am Flughafen und später die Autorennen waren große Herausforderungen, die die Straßenbahn meisterte. In der Zwischenzeit waren bereits alle Ausweichen und fast alle Stationen des Endausbaus errichtet worden. Die „Elektrische" wurde ein Teil des Lebens der ortsansässigen Bevölkerung. Die tägliche Fahrt zum Arbeitsplatz, zu den Schulen in Floridsdorf und den Bezirken über der Donau gehörte zur Normalität. Die Wagenversorgung der Linien 317, 25 und 16 erfolgte jahrelang vom Betriebsbahnhof Kagran aus. Frühmorgens fuhren die Straßenbahngarnituren von den Remisen auf „ihre" Strecke und wurden abends wieder am Bahnhof abgestellt. Für die Fahrer kam es dabei zu einer sonderbaren Streckenkombination, die sie einhalten mussten. Dafür hatten sie eine scherzhafte Bezeichnung gefunden: der „Dreiländerzug". Damit waren drei Destinationen gemeint, die der Zug bedienen musste, ehe er zur Remise kam. Die Fahrtroute war Kagran – Englisch Feld – Kagran (Linie 217), danach wechselte der Zug auf die Linie 25 und fuhr zum Praterstern, um schließlich auf der Linie 16 nach Stadlau zu gelangen. Dann wurde der Zug eingezogen, in dem er noch die Strecke bis zur Remise auf der Wagramer Straße fuhr und damit die „Dreiländerfahrt" beendete.

Die Jahre des Zweiten Weltkrieges bedeuteten für die Fahrgäste und das Betriebspersonal eine gewaltige Zäsur. Rasch verschlechterten sich die Lebensbedingungen. Die Männer zogen in den Krieg und die Frauen mussten deren Aufgaben, zusätzlich zu ihrer Arbeitslast, bewältigen. Die Straßenbahn übernahm wieder Gütertransporte. Ein Teil der Lastkraftwagen wurde für Militäraufgaben eingezogen, doch der allgemeine Kraftstoffmangel behinderte den zivilen Lastenverkehr. Im Fahrdienst fehlte es an Schaffnerinnen, die die an der Front kämpfenden Männer ersetzen sollten. Mittelschüler wurden als Hilfsschaffner ausgebildet. Die schweren Bombardements seit Juni 1944 verursachten beträchtliche Schäden bei den Verkehrsbetrieben, sodass ein schwerwiegender Fahrzeugmangel herrschte. Mit dem Herannahen der sowjetischen Truppen am 7. April 1945 brach infolge der heftigen Kampfhandlungen die Stromversorgung zusammen. Am 13. April endete die Schlacht um Wien und am 8. Mai 1945 kapitulierte das Deutsche Reich – der Krieg war zu Ende. Infolge der gewaltigen Zerstörungen und dem Fahrzeugmangel konnte der Betrieb nur nach und nach wieder aufgenommen werden. Die Betriebsunterbrechung dauerte über ein halbes Jahr, bis am 15. November der 317er wieder in Groß-Enzersdorf eintraf.

Nach dem Krieg begann sich das Wirtschaftsleben zu stabilisieren, man näherte sich der Vollbeschäftigung, die Verkehrsbetriebe waren ausgelastet. Ab den 1960er Jahren führte das „Wirtschaftswunder" zum Anstieg des Individualverkehrs und trotz steigender Bevölkerungszahlen nahm die Fahrgastzahl ab. Rationalisierungsmaßnahmen waren die Folge. Seit 1966 wurden nur mehr Züge mit einem Beiwagen eingesetzt. Für die gewaltigen Investitionen, wie die für einen durchgehenden zweigleisigen Betrieb, der die Strecke 317 wieder attraktiv gemacht hätte, fehlten die Mittel. Seit 1963 fuhr wieder die Linie 217 bei Großveranstaltungen, später war sie regelmäßig bis Englisch Feld unterwegs. Trotzdem kam es zu einer bemerkenswerten Fahrplanverbesserung: Im Juli 1966 wurden die Streckenabschnitte der Linie 17 und 317 gekoppelt, weshalb man mit dem 317er von Groß-Enzersdorf durchgehend bis Floridsdorf-Schnellbahn fahren konnte. Letztlich war die Linienführung des 317er-Gleises die Begründung für die Stilllegung des Straßenbahnbetriebes. Das Gleis nahm nämlich einen Teil der Straße ein, sodass es für die Autofahrer bisweilen riskant war, dem Gegenverkehr auszuweichen, denn sie mussten auf der einen Straßenseite auf die Straßenbahn, auf der anderen Seite auf die entgegenkommenden Fahrzeuge achten. Durch den starken Autoverkehr kam es regelmäßig zu gefährlichen Situationen. Deshalb entschied man sich den 317er als Bus zu führen. 1970 wurde die Linie 317 aufgelassen und die Linie 26A eingeführt.

Ein Gruppenfoto von 1931 vor dem Triebwagen Type K und zwei Beiwägen in der Endstation Groß-Enzersdorf. Im Bild sind der Fahrer, der Zugführer, zwei Schaffner und ein Kontrolleur zu erkennen.

Groß-Enzersdorf

Idealbild von Groß-Enzersdorf um 1900, kolorierte Grußkarte. Im Vordergrund fährt ein Dreiwagen-Dampftramway-Zug. Groß-Enzersdorf war lange Zeit ein wichtiger Zentralort im südlichen Marchfeld. Bereits 1160 wird ein Encinesdorf mit 36 Bauernhöfen und einem Wirtschaftshof erwähnt. Der Ort und die umliegenden Dörfer gehörten zum Bistum Freising, dessen Bischof Berthold 1396 die heute noch existierende Stadtmauer errichten ließ. Mit der Zeit kamen Handwerker und Händler ins Stadtl, das zu einem Wirtschafts- und Handelszentrum wurde.

Großansicht der kleinen Stadt mit der Conradkaserne. Der 317er fährt an den Häusern der Wiener Straße vorbei, die noch die alte Bauweise der Bauernhöfe erkennen lassen. Die Kaserne wurde 1935 außerhalb der Stadtmauer errichtet und nach dem Generalstabschef Conrad von Hötzendorf benannt. 1966 erhielt die Kaserne den Namen Smola-Kaserne, nach Josef Freiherr von Smola. Mit der Heeresreform 2007 wurde sie geschlossen. Heute befinden sich auf dem Areal das Gymnasium, die Rot-Kreuz-Station, die Polizeiwache und eine Außenstelle der Bezirkshauptmannschaft Gänserndorf.

Ein Blick vom Kirchturm über Groß-Enzersdorf. Rechts vorne erkennt man die Gebäude der ehemaligen Stadtburg, dahinter die Häuser der Freisingergasse, der Elisabethstraße und jene am Dr. Anton Krabichler-Platz. Die Aufnahme dürfte aus der Zeit vor 1930 stammen, da die alte Eisenhandlung des Johann Toch noch nicht existiert.

Blick in die Elisabethstraße vom Bischof Berthold-Platz aus. Im Hintergrund sieht man die Apotheke von Ernst Schwertassek. Vorne befindet sich die Warenhandlung des Karl Buresch, Vater des gleichnamigen niederösterreichischen Landeshauptmannes und Bundeskanzlers Karl Buresch. Rechts vorne ist ein Schöpfbrunnen zu sehen. Die Häuser an der rechten Straßenseite stehen am Rand des einstigen Burggrabens. Die Fotografie vermittelt einen anschaulichen Eindruck vom seinerzeitigen kleinurbanen Ambiente in Groß-Enzersdorf.

Diese alte Grußkarte aus der Jahrhundertwende zeigt den Hauptplatz mit dem Wartehäuschen der Dampftramway und dem Ziehbrunnen. Da die großen Bürgerhäuser auf dem Hauptplatz noch nicht gebaut worden waren, ist der Blick auf die Kirche mit ihrem markanten Turm noch ungestört.

Das Stadtler Kino wurde in den 1920er Jahren gegründet und half vielen über die schweren Kriegsjahre hinweg. Wochenends suchten viele Besucher aus der Stadt und ihrer Umgebung die Lichtspiele in der Lobaustraße (unweit des heutigen Busbahnhofs) auf. Die Errichtung des Autokinos und das allgemeine Kinosterben brachten das Ende dieser Institution.

Dieses Bild von der bereits gepflasterten Wiener Straße mit Blick auf den Hauptplatz wurde bereits zur Zeit der Elektrifizierung aufgenommen. Neben der Straßenpflasterung ist das Gleis der Straßenbahn zu erkennen. Der Schornstein links im Bild gehörte zur Kaffeerösterei des Adolf Baumann. Nach seinem plötzlichen Tod wurde der Betrieb – da Baumanns Frau Anna (geb. Kohn) jüdischer Abstammung war – arisiert.

Endstation und Beginn der Linie 317: die Remise in der Winklersiedlung. Die groß dimensionierte Gleisanlage und die Gebäude stammen noch aus der Ära der Dampftramway. Links neben der Endstation befinden sich die Häuser der Wohnsiedlung, die von dem Architekten, Zimmer- und Baumeister Ing. Hugo Winkler, errichtet wurde. Als Jude musste er 1938 vor den Nationalsozialisten flüchten.

Ein Triebwagen der Type K fährt in die Endstation bei der Winklersiedlung ein. Die Zieltafel ist bereits für die nächste Fahrt vorbereitet. Die Remise befand sich in unmittelbarer Nähe zu der 1903 errichteten Versuchsanstalt der Wiener Universität für Bodenkultur. Nach dem Einstellen des Straßenbahnbetriebes wurde das Betriebsgelände verkauft. Zwei Remisengebäude blieben noch lange Zeit stehen. Heute existiert noch eines, allerdings in sehr veränderter Gestalt.

Auf dem Weg nach Floridsdorf. Ein Triebwagen Type K mit Beiwagen m$_3$ fährt von der Endstation auf der Schloßhofer Straße Richtung Hauptplatz. Im Hintergrund das Wittauer Tor und das Bierlager der Brauerei Schwechat. Apropos Alkohol: Der ehemalige Fahrer des 317er, Gustav Krumpholz, versicherte den Autoren, dass es „die Alten" (also die „Bim"-Angestellten vor 1960) mit dem Alkoholkonsum nicht so streng nahmen und auch gerne ins Gasthaus Goldmann einkehrten (wie auch viele Fahrgäste oft schon frühmorgens). Nebenbei bemerkt: Auch die gratis mitfahrenden Polizisten hatten nicht immer 0,0 Promille.

Wieder ein Triebwagen Type K mit Beiwagen m$_3$. Er fährt am Amtsgebäude, dem ehemaligen Burggelände, vorbei. Von der Burg sind heute nur mehr Reste erhalten.

Ein Triebwagen der Type G$_2$ mit Beiwagen am Hauptplatz. Man beachte die Straßenpflasterung. Die schönen gelben Pflastersteine waren bei nasser Fahrbahn extrem glatt.

Ein Triebwagen der Type K fährt im Einzelbetrieb nach Floridsdorf. Links im Bild kann man die Café-Konditorei Gartner erkennen. Dieser einst so beliebte Treffpunkt hat schon lange seine Pforten geschlossen.

Ein Zug nach Kagran mit Triebwagen Type K und zwei Beiwägen trifft soeben am Hauptplatz ein. Die Militärfahrzeuge vor der Rathaus-Restauration erinnern an die Besatzungszeit. Das Groß-Enzersdorfer Rathaus selbst befindet sich aber nicht in diesem Gebäude.

Kirtag in Groß-Enzersdorf, weswegen die Stadt auch mit Fahnen geschmückt ist. Am Hauptplatz sind aber nicht nur einmal im Jahr Kirtagsstandln zu finden, sondern jeden Mittwoch wird traditionellerweise auch der Wochenmarkt und seit zehn Jahren am Samstag der Frischemarkt abgehalten. Über die Verleihung des Marktrechtes besitzen wir keine Urkunde. Im freisingischen Güterverzeichnis von 1296 wird Groß-Enzersdorf aber bereits als forum (= Markt) bezeichnet. Oftmals glich der 317er selbst einem Marktplatz, denn an Markttagen in den 1950ern und 1960ern war auch Kleinvieh wie Ziegen oder Hühner unter den Passagieren des 317ers.

Dieser Triebwagen Type K fährt zur Endstation Groß-Enzersdorf. Das Zielschild weist bereits auf die nächste Fahrt nach Floridsdorf-Schnellbahn hin. Der Schaffner hat höchstwahrscheinlich die erzwungene Wartezeit auf den Gegenzug für den Austausch der Zieltafel genutzt.

Ein Triebwagen M mit Beiwagen m₃ in der Station Hauptplatz. Ein dermaßen gemütliches Aussteigen an dieser Stelle würde auf der vielbefahrenen B3 heute ein sicheres Suizidkommando sein. Die Männer kommen offensichtlich gerade von der Arbeit. Groß-Enzersdorf wurde vor allem nach dem Zweiten Weltkrieg zu einer Pendlerstadt. Ab 1960 veränderte sich die Stadtler Wirtschaft grundlegend und viele Menschen begannen nach Wien zu pendeln. Die Straßenbahn brachte die Menschen zur Arbeit und zu den höheren Schulen.

Der Zug nach Floridsdorf, bestehend aus Triebwagen M und zwei Beiwägen m$_3$, verlässt den Kirchenplatz. Die Pfarrkirche Maria Schutz wurde im 13. Jahrhundert als romanische Basilika errichtet. Der Turm war ursprünglich ein eigenes Bauwerk und stand knapp neben der Kirche. Das geistliche Leben Groß-Enzersdorfs lässt sich bis ins Jahr 1202 nachweisen. Damals war ein „Capellan", also ein Geistlicher der freisingisch-bischöflichen Capella (Hofkapelle), hier tätig.

Dieser Triebwagen mit zwei Beiwägen fährt in Richtung Zentrum Groß-Enzersdorf und verlässt gerade die Ausweiche bei der Conradkaserne. Diese Station war vor allem für die Grundwehrdiener, die in der Kaserne stationiert waren, wichtig. Wenn die jungen Soldaten wieder einmal knapp bei Kasse waren und nach Englisch Feld nicht aufzahlen konnten, drückte man als Schaffner hin und wieder die Augen zu und ließ die Staatsdiener umsonst bis zur Kaserne weiterfahren.

Der Triebwagen M mit Beiwagen m$_3$ hat soeben das Wiener Tor verlassen. Ein Bild der Vergänglich- und Beständigkeit. Straßenbahn, Bundesheer, Schienen, die Plakatwand – all das gibt es an diesem Platz nicht mehr. Nur die Firma Schärdinger, die links im Bild wirbt, floriert wie eh und je.

Triebwagen mit Beiwagen m₃ im Niemandsland zwischen Wien und Niederösterreich. Im Hintergrund noch einmal die Kaserne. Wo mittlerweile ein großes Einkaufszentrum steht, wogen auf diesem Bild noch die Marchfelder Getreideähren.

In der sommerlichen Mittagshitze fährt der Triebwagen K durch die Marchfelder „Pampa" Richtung Groß-Enzersdorf. Im Hintergrund: Die letzten Häuser des 22. Wiener Gemeindebezirks in der Guntherstraße.

Essling

Eßlingen a. d. Donau.

Essling wurde früher oft auch Eßlingen oder Esslingen genannt und bis 1999 amtlich Eßling geschrieben. Wo dies historisch korrekt ist, wird deshalb auf den folgenden Seiten die alte Schreibweise verwendet. Essling wurde als typisches Marchfelder Dorf mit einem Meierhof, später Herrschaftshof – danach Schlossanlage – und einigen Bauernlehen gegründet. Der Name Ezzelaren, 1258 erstmals erwähnt, weist auf den Besitzer der Herrschaft, einen in Wien lebenden Adeligen, hin. Zur Herrschaft kam später der Schafflerhof hinzu. Das viel später erwähnte Englische Feld befand sich am östlichen Rand von Essling. Um den barocken Schüttkasten am Nordrand des Dorfes wurde 1809 in der Schlacht gegen Napoleon heftig gekämpft.

Der idyllische Dorfteich, wohl aus dem Rest eines Donauarmes entstanden, unterteilte Essling in einen älteren, westlichen Teil des Dorfes – mit Schloss und Kirche – und einen jüngeren, östlichen. Hinter dem Weiher steht das Zeughaus der Feuerwehr, die den Teich als Wasserreservoir nutzen konnte. Links ist das ehemalige Gasthaus „Zum scharfen Eck", im Hintergrund rechts sind die Häuser der Gartenheimstraße zu sehen.

Lange Zeit versperrte das spätbarocke Kinsky-Tor den Zugang zum Herrschaftsgarten, der seiner Grundstücksform wegen als „Der lange Garten" bezeichnet wurde. Der Name Kinsky-Tor erinnert an die Grafen Kinsky, die die Herrschaft Eßling 1722 erworben hatten. Die ersten Herren von Ezzelarn sind bereits 1268 nachweisbar. Danach wechselten die Besitzer mehrmals. Kaiser Franz I. erwarb den Besitz 1760 für den kaiserlichen Kameralfond.

Die Esslinger Hauptstraße mit dem Schloss. Im Hintergrund das Rüsthaus beim „Scharfen Eck". Das Gleis der Dampftramway entlang des Schlosses ist nur schwer auszumachen. Aussehen und Zustand des Schlosses lassen auf die Zeit des kaiserlichen Kameralfonds schließen. Nach dem Ersten Weltkrieg und der Gründung der Republik Österreich am 12. November 1918 wurde das gesamte Vermögen des Kameralfonds dem Kriegsopferverband zur Verwaltung übereignet. Das Dorf Eßling blieb noch bis 1938 bei Niederösterreich.

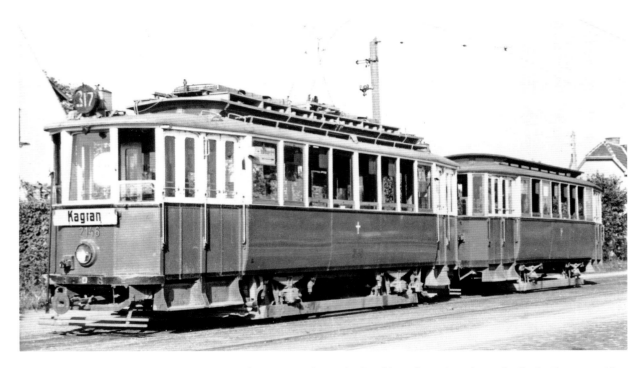

Ein Triebwagen G$_3$ mit einem Beiwagen wartet auf der Ausweiche Englisch Feld, wo lange Zeit die Endstelle der Linie 217 (der kurzgeführte 317er) war. Meistens wurde jeder zweite Zug kurzgeführt. Bei dieser Ausweiche wurde der Triebwagen zurück an die Zugspitze rangiert. Eine Station weiter Richtung Groß-Enzersdorf musste man an der Gemeindegrenze einen speziellen Fahrschein lösen. Die durch die Kurzführung entstandene Wartezeit und neuerliche Aufzahlung waren für viele Fahrgäste Motivation genug, einen bis zu 30-minütigen Fußmarsch auf sich zu nehmen.

Eine Garnitur der Linie 217 steht zur Abfahrt Richtung Floridsdorf-Schnellbahn bereit. Der Triebwagen Type K hat den Stromabnehmer noch nicht in Fahrtrichtung gestellt. Er verfügte bereits über eine Schienenbremse. Fahrer und Schaffner müssen bei der Ausweiche den Gegenzug abwarten. Eine Vollbesetzung bei einer Garnitur mit zwei Beiwägen setzte sich aus einem Fahrer, zwei Schaffnern und einem für die ganze Fuhr verantwortlichen Zugführer zusammen.

Eine Garnitur des 317ers, bestehend aus Triebwagen der Type H und zwei „Laternendach"-Beiwägen k_2 und g, passiert das „Scharfe Eck". Die vor 1938 gemachte Aufnahme zeigt im Hintergrund das Zeughaus und das Gasthaus sowie das Kinsky-Tor und zwei Geschäfte.

Ein Triebwagen der Type K mit zwei Beiwägen k_2. Abgebildet nach 1966. Seinen Ursprung hat das Schloss Essling im 13. Jahrhundert. Im 17. Jahrhundert wurde es neu errichtet. Das nunmehrige Barockschloss wurde dann unter der Adelsfamilie Kinsky nochmals umgebaut. Im Jahr 1760 gelangte es schließlich in den Besitz der Habsburger.

Die Ausweiche Essling-Kirschenallee. Ein Triebwagen der Type K. Im Hintergrund die 1937 errichtete „neue" Esslinger Kirche. Im Vordergrund posiert ein recht resolut wirkender Schaffner. Die Schaffnerinnen und Schaffner konnten ja durchaus den Waggon regieren. Eine ganz besonders autoritäre Schaffnerin trug den Spitznamen „Die Bürgermeisterin". Aber es gab auch mildere Schaffner. So lernte der beliebte Schaffner Josef Stadler seine Frau im 317er kennen und lieben. Die beiden sind bis heute glücklich verheiratet.

Aspern

Aspern 1928. Das Artilleristendenkmal (Bildmitte) am Siegesplatz wurde 1909 zum 100-Jahrjubiläum der Schlacht von Aspern errichtet. Der erste Sieg der österreichischen Armee über die napoleonischen Truppen hatte das Dorf Aspern weltberühmt gemacht. Der „Löwe von Aspern" (ebenfalls an die Schlacht erinnernd) stammt aus dem Jahr 1858. Das Dorf selbst wurde schon um 1250 erwähnt.

Dorfidylle nach 1904. Seit damals nämlich gehörte Aspern zum 21. Wiener Gemeindebezirk. Im Hintergrund die Kirche St. Martin. Aspern lag früher zwischen zwei Donauarmen. Der westliche Zugang war durch einen Wehrturm und ein Dorftor geschützt. Im Osten befand sich bis 1670 die alte Kirche, die durch ein Hochwasser zerstört wurde. Deshalb bauten die Asperner Dorfleute ein Jahr später die Kirche an den Wehrturm an.

Aspern verfügte, wie bereits erwähnt, über einen wehrhaften Dorfturm. Er trat aus einer Häuserreihe hervor und stand an der Groß-Enzersdorfer Straße, etwa bei Hausnummer 5.

Aspern war wie viele Orte, durch die uns unsere Reise mit dem 317er führt, ein Bauerndorf. Dieses Gebäude hier dürfte zur Melker Herrschaft gehört haben. Es befand sich in der heutigen Wimpffengasse.

Da Aspern von zwei Donauarmen umschlossen war, mussten sich die Menschen vor Hochwasser schützen. Auf diesem Bild sieht man ein Haus, in dem ein Raum einen erhöhten Fußboden hatte, zu erkennen an den erhöhten Fenstern. Das Haus trägt noch die Spuren vom Häuserkampf am Ende des Zweiten Weltkrieges.

Die Asperner Flugschau in den Jahren 1912 bis 1914. Ab 1914 diente das Asperner Flugfeld der Ausbildung von Piloten für den Kriegseinsatz. Die nahe gelegene Eßlinger Flugzeugfabrik „Aviatik" lieferte Flugzeuge nach Aspern, wo die nötigen Einstellarbeiten an Motor und Leitwerk sowie die erste Inbetriebnahme vorgenommen wurden. Nach dem verlorenen Krieg mussten 1918 alle Einrichtungen zerstört werden.

Dichter Verkehr in Aspern (wahrscheinlich 1931) zum Flughafen, wo das Luftschiff „Graf Zeppelin" landen sollte. Was noch ins Auge fällt: der Links-Verkehr.

Landung des Luftschiffes „Graf Zeppelin" auf dem Asperner Flugfeld 1931. Wie klein ist der Mensch im Vergleich zu seinen technischen Errungenschaften! Rund 120.000 Schaulustige sowie Bundespräsident Wilhelm Miklas und die Bundesregierung verfolgten dieses Spektakel.

Der Flughafen Aspern wurde natürlich auch mit Personenflugzeugen angeflogen. Auf diesem Foto ist ein Flugzeug des Typs Junker Ju 52 der Österreichischen Luftverkehrs AG abgebildet.

Die Autorennen am Flugplatz fanden zwischen 1956 und 1974 – mit Ausnahme der Jahre 1959 und 1960 – einmal pro Jahr statt. Dafür wurde eine 2730 Meter lange Rennstrecke abgesteckt und große Zuschauertribünen errichtet. Der Flughafen Aspern wurde übrigens 1912 eröffnet und stellte 1977 seinen Betrieb ein. Heute befindet sich auf dem Areal das Fabrikgelände von Opel Austria.

Essling (unten), Aspern (oben) und das Gelände des ehemaligen Flugfeldes (im rechten Bildteil) aus der Luft. Man fuhr mit dem 317er durch Dörfer. Und das Besondere an der Strecke waren die großen Abstände zwischen den Orten. Wo heute schon sehr viel mit Einfamilien-, Reihenhäusern und Wohnblocks sowie dem riesigen Firmenareal von Opel Austria verbaut ist, befanden sich früher weite Feldflächen, die unter anderem auch von zahlreichen Gärtnereien bewirtschaftet wurden.

Aspern, Groß-Enzersdorfer Straße. Ein Gebrechen am Triebwagen Type K lähmt den Schienenverkehr. Der nachfolgende 317er muss auch warten. Dass dieser die Ausweiche überhaupt verlassen durfte, war zu dieser Zeit nur durch das speziell auf der Linie 317 installierte Streckentelefon möglich. Ohne ausdrückliche Order der Fahrdienstleitung hätte der 317er die vorherige Ausweiche nicht verlassen dürfen. Über den neben dem Triebwagen abgestellten Rüstwagen konnte die Reparaturmannschaft zur Schadensstelle gelangen.

Zwei Triebwägen der Type Z begegnen einander in der Ausweiche Aspern Siegesplatz. 42 dieser markanten Fahrzeuge wurden nach der Auflassung des New Yorker Straßenbahnbetriebes von der Firma TARS (Third Avenue Railway System) von den Wiener Stadtwerke-Verkehrsbetrieben angekauft. Seit 1964 wurden sie auf der Linie 17 und seit 1966 auf der Linie 217 eingesetzt. Die Linie 317 konnten die sogenannten „Amerikaner" infolge ihrer Breite von 2494 mm und der Enge des Wiener Tores in Groß-Enzersdorf nicht befahren.

Ein Triebwagen der Type K mit Beiwagen m₃ vor der Kirche St. Martin. Der Fußgeher rechts trägt eine blaue Arbeitsschürze („Fiata" beziehungsweise Fürtuch): ein klassisches Marchfelder Outfit, wie es viele Bauern getragen hatten. Somit verweist dieser Mann, ob er nun tatsächlich Landwirt gewesen ist oder nicht, auf die agrar-dörfliche Vergangenheit von Aspern.

Ein Triebwagen der Type K bei der Station Neu-Aspern (Oberdorfstraße). An dieser großen Straßenkreuzung und heute stark frequentierten Haltestelle übersieht man leicht die Kapelle bei der Station. Die obere Rundbogennische der Wegkapelle ziert ein Mosaik des Heiligen Rochus, der vielen Pestkranken geholfen haben soll. Im Kapellenraum selbst befindet sich eine Statue des Heiligen Antonius.

Hirschstetten

Gruss aus Ferdinand Ziffer's Restauration in Hirschstetten XXI. Wien.

Hirschstetten. Gasthausbesucher bestaunen die Dampftramway. Das ehemals selbständige Dorf wurde 1904 dem 21. Bezirk Wiens eingemeindet. Im Garten der Restauration Ziffer genießt man noch das ländliche Ambiente.

Das Dorf Hirschstetten wird 1258 als Hertensteten erwähnt. Das Schloss wurde zu Beginn des 18. Jahrhunderts unter Fürst Adolf Franz von Schwarzenberg erbaut.

Noch einmal das Schloss Hirschstetten, dessen Hauptgebäude 1945 bei einem Bombenangriff zerstört wurde. Damit teilt es das Schicksal eines anderen Marchfeldschlosses, nämlich jenes von Leopoldsdorf, das ebenfalls 1945 dem Erdboden gleichgemacht wurde.

Idylle im Hof eines efeuumrankten, für das Marchfeld typischen ebenerdigen Hauses in Hirschstetten.

Ein Triebwagen Z („Amerikaner") überquert das Bahngleis der Marchegger Ostbahn. Diese Art der Kreuzung mit der Eisenbahn wird „schienengleicher Bahnübergang" genannt. Bei dieser Aufnahme kann man deutlich erkennen, dass der Z-Triebwagen vierachsig war. Alle vier Achsen waren angetrieben.

Der Bahnschranken der Ostbahn nötigt den Triebwagen K mit Beiwagen m$_3$ zu einer längeren Wartezeit. Ein Schaffner wartet an der Stechuhr. Es gehörte zu den Pflichten des Schaffners sich persönlich von der Gefahrlosigkeit des Weiterfahrens zu überzeugen und somit die Sicherheit zu gewährleisten. Von dieser Station führte ein Fußweg neben der Bahn nach Stadlau, den viele Arbeiter benutzten, die zu den Stadlauer Industriebetrieben mussten.

Endlich freie Fahrt! Der Gegenzug muss in der Ausweiche Aspern-Siegesplatz noch auf seine Ankunft warten. Einen derart regen, unbeschwerten Fahrrad- und Kinderwagenverkehr über die Ostbahngleise kann man sich heutzutage angesichts des dichten Motorverkehrsaufkommens nur noch sehr schwer vorstellen.

Der Triebwagen K mit Beiwagen k_5 hat eben den Turm der alten Hirschstettner Kirche passiert. Der alte Glockenturm wurde 1960 abgetragen. Im Hintergrund der Turm der Pfarrkirche Maria Himmelfahrt, erbaut in den Jahren 1959 bis 1961.

Ein Triebwagen der Type M mit Beiwagen m$_3$ auf Höhe des Schlosstores. Auf der Fotografie fahren gerade einmal zwei Autos durch den Dorfkern von Hirschstetten. Heute ist diese Stelle ein absolutes Verkehrs-Nadelöhr. Viele Menschen erreichten von der Station Hirschstetten zu Fuß ihre Arbeitsplätze in Stadlau. Dort waren große Industriebetriebe wie Waagner-Biró, AEG-Union oder die Stadlauer Malz- und Lackfabrik wie auch der Bahnhof Stadlau wichtige Arbeitgeber.

Ausweiche Hirschstetten mit zwei amerikanischen Triebwägen (Type Z). Die Ausweichen des 317er befanden sich in einem Abstand von rund 1000 bis 1500 Metern. In den Ausweichen war oft nicht klar, ob die andere Garnitur bereits durch war oder nicht. In derartigen Zweifelsfällen konnte es schon einmal vorkommen, dass die Fahrgäste lauthals die Weiterfahrt forderten.

Kagran

Kagran war bis 1904 ein selbständiges Marchfelddorf. Die erste Erwähnung (Chagre, später Chageran) stammt aus 1123. Die hier ansässigen Bauern und Gärtner züchteten vorwiegend Gänse und Enten und bauten Obst sowie Gemüse zur Versorgung der Großstadt an. Viele der Bauernhäuser standen rund um den Kagraner Platz.

Die Pfarrkirche St. Georg, ursprünglich dem Heiligen Wendelin geweiht, wurde im 15. Jahrhundert errichtet. Vorher befand sich die Pfarre in Stadlau, die Kirche dort wurde allerdings 1439 bei einem Hochwasser zerstört. Dann erhielt das Dorf Kagran die Kirche. Am Platz vor der selbigen fand um 1900 der Sankt-Wendelin-Markt statt. Im Vordergrund die Gemischtwarenhandlung des Josef Büchl – mit ihrem umfangreichen Angebot ein Universum für sich.

Hauptplatz. Kagran, N.-Oe.

1618 V. Ledermann jr., Wien I. Fleischmarkt 12

Diese Aufnahme stammt noch aus der „Vorwiener Zeit" Kagrans. Die Bezeichnung Hauptplatz deutet bereits den Übergang vom ländlichen Bauerndorf zur städtischen Struktur mit ihren Bürger- und Mietshäusern an. Das Gleis der Dampftramway ist gut zu erkennen. Der Blick den Schienen nach geht in Fahrtrichtung Groß-Enzersdorf.

Noch einmal die heutige Kreuzung Kagraner Platz – Donaufelder Straße – Wagramer Straße. Ein elektrischer Triebwagen mit einem Beiwagen aus der Dampftramway-Ära verlässt Kagran. Die Pferdewagen mit Heu machen einmal mehr deutlich, wie ländlich geprägt dieser Teil des Marchfeldes respektive Wiens einst war.

Der Kagraner Platz und die Wagramer Straße (bis 1910 Kagraner Reichsstraße) in den 1920er Jahren. Im Hintergrund links das Gasthaus Kiesling, das gerne von den Kagraner Gärtnern, aber auch von den Durchreisenden der Linien 17, 25 und 317 aufgesucht wurde. Der Kagraner Platz war anno dazumal ein richtiger Verkehrsknotenpunkt, büßte im Lauf der Jahre aber seine Bedeutung etwas ein – bis 2006 die U1 von Zentrum Kagran (Donauzentrum) nach Leopoldau verlängert wurde und seither am Kagraner Platz wieder Hochbetrieb herrscht.

Die Endstation der Linie 25 am Kagraner Platz. Ein eigenes Abstellgleis diente den Fahrgästen zum Einsteigen. Die im Vordergrund sichtbaren Durchfahrtsgeleise blieben für die Züge der Linie 17, die in den Hauptbetriebszeiten bis Stadlau geführt wurden, und die Züge der Linie 317, die von und zur Remise Kagran unterwegs waren. Im Bild ein Triebwagen Type L und zwei Beiwägen k_3. Dahinter steht der Triebwagen, der die Beiwägen nach Kagran gezogen hatte. Der Stromabnehmer zeigt noch in diese Fahrtrichtung.

Ein 217er mit Triebwagen und zwei Beiwägen – verkehrstechnisch gesehen – allein auf weiter Flur. Im Hintergrund ist die Anlage der ehemaligen Raffinerie Kagran zu erkennen. Sie wurde nach dem Zweiten Weltkrieg stillgelegt und später als Tanklager der Mobil Oil Austria AG verwendet. Mittlerweile steht nichts mehr davon.

Der Triebwagen K mit Beiwagen m₃ ist in Richtung Groß-Enzersdorf unterwegs. Seit 1968 wurde die Triebwagentype Z nicht mehr eingesetzt. Ein junger Mann lehnt sich übermütig aus der Tür. Das war nicht so ungewöhnlich. Das Verhalten der Fahrgäste entsprach sicher nicht immer den „Hausregeln". So wurde während der Fahrt des Öfteren gerne mal die eine oder andere Zigarette geraucht. Warum auch nicht – wenn es so mancher Fahrer auch tat.

Ein Triebwagen K_4 mit Beiwagen m_3 hat die Unterführung der Ostbahn (Laaer-Ast, früher nördliche Linie) passiert. Diese Unterführung wurde bei Unwetter oft überflutet. Gustav Krumpholz berichtet, dass sich hier einmal ein skurriler Unfall ereignete: Zwei Autos krachten ineinander – allerdings nicht auf der Straße, sondern auf den Schienen. Beide Wagen fuhren auf dem Gleis und keiner der beiden wollte nachgeben. Hartnäckigkeit und eiserner Wille machen sich nicht immer bezahlt.

Die Ausweiche Pogrelzstraße nach der Ostbahnunterführung. Ein Triebwagen K in Richtung Groß-Enzersdorf begegnet einer Type Z. Ausweichen waren auch in anderer Hinsicht Begegnungszonen. Der Aufenthalt in den Ausweichen wurde von vielen Fahrgästen gerne genützt, um eine Zigarette zu schmauchen. Manchmal schaffte man wegen der langen Wartezeit auch einen zweiten Glimmstengel.

Ein Triebwagen Type K fährt aus der Ausweiche und Endstation Kagran. Im Hintergrund stehen das Feuerwehrgebäude und das Stationsgebäude der Dampftramway. Auf der Zieltafel ist bereits Englisch Feld zu lesen. Im Feuerwehrhaus ist seit vielen Jahren das Bezirksmuseum Donaustadt untergebracht. Für die Passagiere des 317er wurde die Fahrt in den Wintermonaten oft zu einer besonderen Härteprobe. Geheizt wurden nämlich nur die Triebwägen. Wer also nur mehr in einem Beiwagen Platz fand, durfte nicht zimperlich sein. Ablenken konnte man sich von der Kälte durch das Betrachten der Eisblumen am Fenster wohl nur marginal. Aber auch für das Personal bedeutete der Winter eine Herausforderung. So waren Schneeverwehungen bei den Weichen oft ein großes Problem.

Luftaufnahme der ersten Straßenbahnremise an der Wagramer Straße. Sie wurde 1898 als viergleisige Anlage in zwei langgestreckten Hallen mit rundem Dach (im Bild links) errichtet. 1911 und 1962 erweiterte man die Remise auf 18 Abstellgleise, um den Wagenbedarf für die Wiener Internationale Gartenschau (WIG) 64 abdecken zu können. 1973 wurde der Bahnhof Kagran stillgelegt, aber – zum Glück – nicht abgerissen. Mit dem Einsturz der Reichsbrücke 1976 musste die Remise Kagran wieder den Betrieb aufnehmen. Nach der Inbetriebnahme der neuen Reichsbrücke wurde der Bahnhof abgetragen.

Floridsdorf

Floridsdorf wurde 1904 mit anderen Marchfeldgemeinden ein Teil von Wien 21. Das Dorf Floridsdorf hieß ursprünglich „Am Spitz" und wurde 1786 vom Stift Klosterneuburg gegründet. Die Nähe zur Schiffswerft, die Bahnstation, die Dampftramway und mehrere neue Betriebsansiedlungen zogen viele Arbeiter in den aufstrebenden Ort. Rechts der „Dom am Kinzerplatz". Dieser geplante niederösterreichische Bischofssitz kam durch die Eingemeindung Floridsdorfs nicht zustande.

Ein Triebwagen der Type K mit Beiwagen m$_3$ in der Ausweiche Donaufelderstraße. Unsere nostalgische Fahrt neigt sich ihrem Ende zu. Die Endstation Floridsdorf-Schnellbahn ist nicht mehr weit.

Ein Triebwagen K mit Beiwagen m₃ fährt an der BP-Tankstelle Donaufelder Straße vorbei in Richtung Kagran. Einen Misthaufen (links im Bild) wird man dieser Tage in der Donaufelder Straße nicht mehr finden, dafür viele Neubauten auf diesem wichtigen Verkehrsweg zwischen Kagran und Floridsdorf, der in den letzten Jahrzehnten sein Gesicht sehr verändert hat. Freie Flächen gibt es so gut wie keine mehr und die große Zahl an Gärtnereien in dieser Gegend hat sich sehr dezimiert.

Floridsdorf. Ein 217er-Triebwagen K mit Beiwagen k$_5$ nimmt seine Fahrt nach Englisch Feld auf, während wir auf unserer historischen Reise von Groß-Enzersdorf nach Floridsdorf die Endstation erreicht haben.

Die Schleife an der Endstelle Floridsdorf. Der Z-Triebwagen der Linie 217 wartet auf die Abfahrt nach Englisch Feld, während der Triebwagen Type D1 der Linie 17A, ehemals Linie 117, nach Leopoldau fährt.

Epilog

Der letzte Groß-Enzersdorfer 317er. Ernst Eichinger schmückt den Triebwagen K mit Blumengirlanden. Gustav Krumpholz, der Fahrer der finalen Fuhr, erinnert sich: „Es war ein Mordsgetue. Es war am Kirtag. Alles war voll mit Schwarzkapplern. Die Stehzeit hab ich am Hauptplatz gemacht. Ich hab der letzten Fahrt nicht so viel Bedeutung zugemessen. Ich bin halt gefahren."

Der 26A im Jahr 2016 am Busbahnhof Groß-Enzersdorf. Von 1971 bis 1973 fuhr er nur bis zur Ostbahn in Stadlau, Station Erzherzog Karl-Straße und von 1973 bis 1982 über die Südost-Tangente zur Stadionbrücke. Seit 1982 verbindet diese Autobuslinie das Stadtl mit der U1-Station Zentrum Kagran. Pläne und Diskussionen, aufgrund des immer massiveren Autoverkehrs wieder eine Straßenbahn zu errichten, gab es schon oft. Realisiert wurden diese Vorhaben aber nie. Im Lauf seiner 46-jährigen Dienstzeit hat der 26A mittlerweile aber beinahe einen ebenso legendären Status wie sein Vorgänger, der 317er, erreicht.

Literatur

Felix Czeike, Das große Groner-Wien-Lexikon. Wien – München – Zürich 1974
Heinz Fink, Tramway in der Leopoldstadt und Donaustadt. Wien 2009
Gustav Holzmann, Groß-Enzersdorf und sein Lebensraum. Festschrift zur 800-Jahr-Feier. Groß-Enzersdorf 1960
Ernst Lassbacher, Auf die Bim gekommen? Verkehr und Verkehrspolitik in Wien seit 1744 – kritisch betrachtet. Wien 2009
Alfred Laula, Hans Sternhart, Dampftramway Krauss & Comp. in Wien. Wien 1974
Harald Marincig, Auf Schienen durch Wien. Wien 1959
Harald Marincig, Die Wiener Linien. 140 Jahre Öffentlicher Personen-Nah-Verkehr in Wien. Wien 2005
Martin Ortner, Der Betriebsbahnhof Vorgarten der Wiener Straßenbahn und seine Linien von 1897 bis 1982. Wien 2013
August Schmidt, Der Tourist und Führer durch die schönsten Gegenden der Umgebungen Wiens. Wien 1847
Wiener Stadtwerke Verkehrsbetriebe, Festschrift anlässlich des 100-jährigen Bestehens der Wiener Tramway 1868–1968.
Karl Zillinger, Wien-Donaustadt. Wien 2008

Dank

Verlag und Autoren danken folgenden Personen und Institutionen, die mit Auskünften und Bildmaterial ganz wesentlich das Zustandekommen dieser Publikation unterstützt haben:
Bezirksmuseum Donaustadt; Dr. Karl Böhm, Wien; Herbert Eigner sen., Wittau; Josef Gartner, Groß-Enzersdorf; Clemens Hopf, Wien-Aspern; Ing. Leopold Kölbl, Groß-Enzersdorf; Dipl.-Ing. Gerald Kovacic, Groß-Enzersdorf; Gustav Krumpholz, Groß-Enzersdorf; Ernst Lassbacher, Wien; Mag. Heinz Spilka, Groß-Enzersdorf; Gabriele Stadler, Groß-Enzersdorf; Josef Stadler, Groß-Enzersdorf; Bgm. Ing. Hubert Tomsic, Groß-Enzersdorf; Ing. Peter Wegenstein, Wien.

Bildnachweis

Bezirksmuseum Donaustadt: Seiten 42, 43, 44, 45, 46, 48, 51, 52, 53, 54, 55, 57, 58, 61, 67, 68, 69, 75, 76, 79, 80, 81, 84, 85, 86, 87, 89, 91
Dr. Karl Böhm, Wien: Seiten 38, 56, 59, 60, 66, 77, 78
Josef Gartner, Groß-Enzersdorf: Seiten 21, 27, 30, 31, 32, 33, 93
Ing. Leopold Kölbl, Groß-Enzersdorf: Seite 25
Ernst Lassbacher, Wien: Seiten 28, 29, 34, 35, 36, 37, 39, 40, 41, 47, 49, 50, 62, 70, 71, 74, 82, 83, 90
Dr. Herbert Slad, Groß-Enzersdorf: Seite 94
Mag. Heinz Spilka, Groß-Enzersdorf: Seiten 12, 13, 16, 19, 20, 22, 23, 24, 26
Verlag Slezak, Wien: Seite 11
Ing. Peter Wegenstein, Wien: Seiten 63, 64, 65, 72, 73, 92
Wikimedia: Seite 88

Die Autoren

Dr. Herbert Eigner, geboren 1980, Schriftsteller, lebt in Groß-Enzersdorf. Promovierter Theater-, Film- und Medienwissenschafter. Auch als Regisseur und Schauspieler in der freien Theaterszene tätig, unter anderem: Theater Experiment, Sommerspiele Grein, Sommerspiele Maria-Enzersdorf, Freie Bühne Wieden. Zahlreiche Publikationen. Zuletzt: „Sagen aus dem Marchfeld und dem östlichen Weinviertel" (mit Friedrich Heller), „a haxn und zwaa gsunde händ" und „Weihnachten im Marchfeld" (mit Christine Frey).

Mag. Herbert Kovacic, geboren 1946, lebt in Groß-Enzersdorf. Er interessierte sich von Jugend an für die Geschichte seiner Heimat. Am Ende seiner erfolgreichen Berufslaufbahn begann er mit dem Studium der Geschichte an der Universität Wien. Noch vor seinem Studienabschluss spezialisierte er sich auf die Zeit des Mittelalters. Sein besonderes Interesse gilt der Siedlungsgeschichte des Marchfelds und des östlichen Wiener Raumes. Herausgeber der wissenschaftlichen Publikation „Die Insel und die Herrschaft Sachsengang. Die frühe Genese der Herrschaften in Sachsengang und Groß-Enzersdorf und die Entstehung der dazu gehörenden Ortschaften".